AF341398

INSTITUT IMPÉRIAL DE FRANCE.

ACADÉMIE DES SCIENCES.

ÉLOGE HISTORIQUE

DU Bon LÉOPOLD DE BUCH,

L'UN DES HUIT ASSOCIÉS ÉTRANGERS DE L'ACADÉMIE,

Par M. FLOURENS,

SECRÉTAIRE PERPÉTUEL,

Lu à la séance publique annuelle du 28 janvier 1850.

PARIS,

TYPOGRAPHIE DE FIRMIN DIDOT FRÈRES,

IMPRIMEURS DE L'INSTITUT IMPÉRIAL, RUE JACOB, 56.

1856.

INSTITUT IMPÉRIAL DE FRANCE.

ACADÉMIE DES SCIENCES.

ÉLOGE HISTORIQUE

DU Bon LÉOPOLD DE BUCH,

L'UN DES HUIT ASSOCIÉS ÉTRANGERS DE L'ACADÉMIE,

PAR M. FLOURENS,

SECRÉTAIRE PERPÉTUEL.

Lu à la séance publique annuelle du 28 janvier 1856.

PARIS,

TYPOGRAPHIE DE FIRMIN DIDOT FRÈRES,

IMPRIMEURS DE L'INSTITUT IMPÉRIAL, RUE JACOB, 56.

1856.

ÉLOGE HISTORIQUE

DU Bon LÉOPOLD DE BUCH,

L'UN DES HUIT ASSOCIÉS ÉTRANGERS DE L'ACADÉMIE,

Par M. FLOURENS,

SECRÉTAIRE PERPÉTUEL.

Lu à la séance publique du 28 janvier 1856.

————o————

« A compter des premières années du siècle de Louis XIV,
« il s'est fait, dit Voltaire, dans nos arts, dans nos esprits,
« dans nos mœurs, une révolution générale, qui doit servir
« de marque éternelle à la véritable gloire de notre patrie. »
— « Cette révolution, ajoute-t-il, ne s'arrêta point en France;
« elle s'étendit en Angleterre, porta le goût en Allemagne,
« et ranima l'Italie qui languissait... »

C'est, en effet, vers le temps heureux dont parle Voltaire,
que l'on a vu se former, entre toutes les nations d'Europe,
une émulation de travail et de gloire, et comme une alliance
des esprits, qui, se sentant plus forts par l'appui même
qu'ils se sont prêté, en sont venus jusqu'à se poser ces

grandes et fondamentales questions, dont la solution semblait devoir nous rester éternellement cachée.

En Allemagne, un des hommes qui ont le plus contribué à faire pénétrer dans la science le courage des grands efforts, a été Leibnitz.

Tandis que ce rare génie méditait le projet de donner à son pays une vaste association littéraire et scientifique, une colonie de savants français, condamnés à l'exil par la révocation de l'édit de Nantes, vint s'abriter auprès de lui. Ce fut un secours précieux dont il profita. L'Académie de Berlin fut instituée. Mais l'ère de prospérité dura peu.

Survint le règne de Guillaume Ier, tacticien rigoureux, qui ne songeait qu'à la guerre, ne mesurait le mérite de ses sujets qu'à la hauteur de leur taille, et définissait les savants : de *frivoles inutilités*. La docte Assemblée se vit, dès ce moment, fort délaissée, et ne se releva que sous l'influence du grand Frédéric.

Celui-ci ne déguisait rien de ses goûts pour la France. Il en aimait tout : la littérature, la philosophie, la langue, et surtout les beaux esprits, qu'il eût voulu lui enlever tous pour les fixer à Berlin.

A défaut de Voltaire ou de d'Alembert, il nous enleva Maupertuis, et le fit président de son Académie.

Frédéric imprimait à tous les ressorts intelligents de sa nation l'ardeur qui le dominait. Éclairées par son exemple, les familles les plus anciennes et les plus nobles comprirent que c'était s'honorer que de vouer leurs fils à ces labeurs énergiques et supérieurs de l'esprit, source inépuisable, pour la patrie, d'un fructueux éclat.

A *Stolpe*, dans l'Uckermark, et dans le calme d'une belle habitation, domaine patrimonial possédé depuis des siècles, une de ces familles, qui déjà comptait des hommes illustres dans les lettres et dans la diplomatie, voyait s'élever, au milieu d'un groupe gracieux de frères et de sœurs, un jeune rêveur intelligent, actif, mais brusque, méditatif, qui abandonnait les jeux et les joies de son âge pour vouer à la belle nature, au milieu de laquelle il grandissait, toute son admiration enfantine.

Après une première instruction sérieusement suivie, le jeune Léopold de Buch, né le 26 avril 1774, quitta les bords de l'Oder pour aller, à peine âgé de seize ans, commencer de nouvelles et plus sévères études.

Une légende populaire, consacrée par l'orgueil national, raconte que sa mère le vit s'éloigner sans trop d'amertume, car, disait-elle, *elle concevait de grandes espérances.*

C'est à l'étude des mines, premier degré qui conduit à la géologie, que notre jeune homme voulait consacrer ce qu'il se sentait d'aptitude et d'énergie.

Peu de sciences sont à la fois plus récentes que la géologie, et plus anciennes.

Dans tous les temps, les hommes se sont demandé comment le globe qu'ils habitent s'était formé, et la question a toujours paru fort embarrassante.

Aussi quelques philosophes anciens, pour se tirer d'affaire, avaient-ils pris le parti, du moins très-commode, de supposer le monde éternel.

Heureusement qu'un écrivain, beaucoup plus ancien que ces philosophes, et beaucoup plus savant, quoiqu'il ne son-

geât pas à l'être, nous avait transmis une indication, singulièrement fidèle, *de la manière dont les choses ont commencé,*
et de tout le chemin qu'elles ont eu à faire pour arriver au
point *où nous les voyons.*

Le livre de Moïse devint, à la fin du XVIIe siècle, le
thème sur lequel travaillèrent tous les esprits.

Stenon, Burnet, Woodward, Whiston, s'appliquèrent à
étudier le déluge, raconté par la Genèse, et crurent pouvoir
expliquer, par les seuls effets de ce déluge, tous les change-
ments du globe.

Leibnitz, le premier, comprit qu'avant l'action des eaux
avait dû s'exercer une action plus puissante encore, celle du
feu. Car tout a été fondu, tout a été liquide : « Eh! quel au-
« tre agent, s'écrie-t-il, quel autre agent que le feu aurait-il
« pu fondre ces grands ossements du globe, ces roches nues
« et ces blocs immortels : *magna telluris ossa, nudæque illæ*
« *rupes atque immortales silices!* »

A Leibnitz succéda Buffon.

Dans sa *Théorie de la terre,* Buffon ne voyait encore que
l'action des eaux, dans son système sur la *Formation des
planètes,* il ne voit plus que l'action du feu ; dans ses *Époques
de la nature,* son ouvrage le plus médité et le plus parfait, il
subordonne habilement l'action des eaux à celle du feu, marque à chacun de ces deux agents son rôle, à chaque événement
sa place, à chaque fait son âge ; mais ce livre admirable venait
trop tard. Dès l'apparition des deux premiers écrits de Buffon, ses contemporains s'étaient partagés : les uns avaient
pris parti pour sa *théorie,* les autres pour son *système ;* les
uns voulurent tout former par l'eau, les autres tout par le
feu ; les uns s'appelèrent *Neptuniens* et les autres *Vulcaniens.*

Les *Vulcaniens* eurent pour chefs, en Angleterre, Hutton et Playfair, et, en France, Desmarets et Dolomieu.

L'école de Freyberg, où se pressait l'Allemagne autour de Werner, devint le centre du *neptunisme*.

C'est là que le jeune de Buch arriva, en 1791.

Confié à l'affection de Werner, il en fut le disciple favori et le commensal. Dans de longs et paternels entretiens, le maître, homme plein de séduction dans sa bonhomie et joignant au génie de la méthode le charme de l'éloquence, était heureux de livrer à un esprit pénétrant et vif les trésors de savoir que de longues années de méditation et d'observation avaient accumulés, et qu'une paresse d'écrire, qui ne pouvait être expliquée que par le succès facile de sa parole, lui faisait un besoin d'épancher.

Presque en même temps que Léopold de Buch étaient arrivés à l'école de Freyberg quelques jeunes gens, dont il se forma un cercle d'amis. Ces liens, si faciles à serrer dans la jeunesse, et que les luttes de la vie dénouent si souvent, furent, pour lui, durables autant qu'elle. La similitude des travaux ne troubla jamais son attachement sympathique pour Charles Friesleben ; et dès ce jour, et pendant toute son existence, il a vanté sans restriction, aimé sans nuage, celui qui, pour une âme moins belle, eût pu ne paraître qu'un rival dangereux, Alexandre de Humboldt.

A dix-huit ans, notre jeune élève fait un premier essai de ses forces ; il publie une *description minéralogique* ; et, dès l'épigraphe, on sent le vol hardi vers lequel il aspire : « Le nou-
« veau, dit-il, étend, et le grand élève le cercle de nos vues. »

Sollicitant, deux ans après, un emploi dans le service des mines, il adresse au ministre Heinitz un second travail ; et là encore se laisse apercevoir la pénétration précoce de son esprit : « Ce que j'ai voulu prouver, dit-il, c'est qu'il est possi- « ble de trouver des lois constantes suivant lesquelles s'opère « la formation des cristaux. »

Un brevet d'*élève royal référendaire*, avec la mission de diriger l'exploitation des mines de la Silésie, lui fut bientôt envoyé. Cet emploi retint Léopold d. Buch pendant trois années. Mais, indépendant d'esprit et de fortune, riche d'avenir, ne connaissant de l'explication des grands phénomènes que ce que l'école de Freyberg en voulait bien admettre, et trop perspicace pour s'en contenter, il se dégage des entraves du monde artificiel, reprend sa liberté, et jette au loin son enveloppe d'ingénieur.

Cette heureuse indiscipline, premier éveil du génie, fut tacitement tolérée, et bien s'en trouvèrent les deux parties.

On a dit, des disciples de Werner, « qu'ils se dispersèrent en « tous pays pour aller en son nom interroger la nature d'un pôle « à l'autre. » Léopold de Buch fut, par excellence, un de ces interrogateurs infatigables de la nature. Il partit en 1797, se dirigeant vers les Alpes ; il erra quelque temps dans les districts montagneux de la Styrie, passa un hiver à Salzbourg, et puis tourna ses pas vers l'Italie. Il voulait visiter les lieux où de violentes commotions avaient fendu l'écorce de la terre, et, selon sa belle expression, l'avaient ouverte aux yeux des observateurs. Mais là devait s'ébranler, bien vite, sa confiance dans l'infaillibilité de son école.

De Pergine, le jeune Neptunien écrivait déjà : « Ici les di-

« verses espèces de roches semblent avoir été bouleversées
« par le chaos. Je trouve les couches de porphyre sur le cal-
« caire secondaire, et les schistes micacés sur le porphyre...
« Tout cela ne menace-t-il pas de renverser les beaux sys-
« tèmes qui déterminent l'époque des formations ? »

Dans une suite de lettres adressées à son ami de Moll, on
voit que l'Italie semblait à sa jeune et enthousiaste imagination
une terre promise ; et, quoiqu'il rapporte tout à la science,
rien n'échappe à son intérêt, toutes les observations lui plai-
sent. Si les monts Albanes le contraignent à modifier les
idées qu'il avait apportées sur l'insignifiance des effets volcaniques, à côté de ses alarmes toujours renaissantes sur
le système de son maître, il se complaît dans la description
des beautés qui se déroulent à ses yeux : « La nature, nous
« dit-il, semble ici avoir été inépuisable à créer à chaque
« pas de nouvelles jouissances. Qui n'a pas vu le coucher du
« soleil dans la mer et ses derniers rayons dorant les cou-
« poles de la ville immortelle, qui n'a pas suivi, sur le lac
« Némi, les jeux alternants de la lumière, ne connaît pas tout
« le charme de ces contrées. » Ce ton révèle l'homme pour
qui les voyages vont devenir, pendant toute une longue car-
rière, un enchaînement d'études et de séductions, et qui, de
l'étude, ne conçoit que celle qui s'élève et s'agrandit en s'u-
nissant aux émotions de l'âme.

Il arrive à Rome. Il y observe les traces douteuses des volcans éteints ; et ses inquiétudes s'accroissent : « Je me perds,
« dit-il, dans les contradictions qui semblent avoir été ici
« accumulées. On ne sait ce qu'on doit croire, ni même s'il
« est permis de s'en rapporter à ses yeux. »

Le Vésuve semblait lui promettre une sorte de révélation.

Plusieurs fois il avait été près de l'atteindre. Le 19 février 1799,
il le vit enfin ! « J'arrivais, nous dit-il, par les belles plaines de
« la Campanie : un brouillard, qui couvrait l'horizon, s'éva-
« nouit subitement, et devant moi je vis s'élever sublime la
« double pointe du Vésuve éternellement enflammé. Un cri
« involontaire : « Le voilà ! » fut l'effet d'une attente si vive,
« et si souvent trompée ; le nuage, en s'élevant, semblait
« vouloir unir au ciel l'immense montagne... ».

En approchant de Naples, le jeune Allemand, au contact
d'une population mobile et passionnée, éprouve une naïve
surprise ; il trouve de singuliers contrastes dans ses souvenirs
du flegme germanique, opposés à la pétulance inquiète des
habitants de ces climats : « Là, dit-il, où le langage semble à
« peine soutenir l'expression du corps, où le geste paraît le
« vrai langage, comment ne serait-on pas ramené au souvenir
« de ce feu mystérieux que nous ne connaissons que par ses
« effets, et qui nous frappe d'une manière si inattendue ? »

Il retourne à sa *sublime montagne.* Il voudrait en pénétrer
tous les mystères. Vaine espérance ! tout lui chappe. Il n'en
rapporte que la prévision des labeurs infinis qui l'attendent :
« J'ai vu le cratère, j'y suis descendu, écrivait-il le lendemain,...
« mais je n'y ai recueilli qu'une sainte horreur, qui ne m'ex-
« plique pas davantage l'enchaînement des causes et des effets. »

Il se dirige vers les courants de lave, retrouve la trace de
celui qui fit trembler Naples en 1767, suit le flot impétueux
qui, quelques années plus tard, après avoir emporté la
ville de Torre del Greco, s'étendit au loin dans la mer ;
et, animé par des récits encore empreints de terreur, il
peint les effroyables effets du déchaînement des forces sou-
terraines avec une poétique énergie qui rappelle la fameuse

lettre de Pline le Jeune, dans un style moins oratoire pourtant, et qui laisse plus de place à la précision des faits.

Ce premier voyage fit comprendre à notre jeune savant que l'étude des couches, tranquillement déposées par les eaux, n'était pas, comme on le croyait à Freyberg, toute la géologie, que la nature ne se révèle que dans ses crises, et que là seulement on pouvait espérer de la surprendre et de lui dérober son secret.

Il ne quitta l'Italie, soumise aux ravages des feux actifs, que pour passer en France, où l'Auvergne lui offrait le théâtre le plus propre à l'étude des volcans éteints. Cette étude était toute nouvelle.

Buffon n'avait vu, dans les volcans, qu'un amas de soufres et de pyrites, placé tout près du sommet des montagnes.

L'ingénieux et patient de Saussure avait trop longtemps étudié les glaces du Mont-Blanc, et en avait trop souffert, pour accorder beaucoup de puissance aux montagnes de feu.

Werner, ne voulant troubler ni l'ordre régulier de la sage nature, qu'il s'était faite, ni le calme attrayant de son enseignement, ne les avait acceptés que comme des accidents locaux et déterminés.

Les choses en étaient-là, et peut-être y seraient-elles restées longtemps, lorsque deux voyageurs, arrêtés sur une route près de Moulins, furent frappés de la difficulté extrême qu'éprouvait un maçon à tailler des pierres dont il faisait un bassin de fontaine : la dureté de ces pierres, leur couleur vive, leur tissu poreux, rappelèrent à l'un d'eux les laves du Vésuve.—D'où tirez-vous ces pierres? demanda-t-il à l'ouvrier. — De Volvic, près Riom. — *« Volvic! Vulcani*

vicus, il doit y avoir eu là un volcan, dit à son ami M. de Ma-
lesherbes notre célèbre naturaliste Guettard : prenons le
chemin de l'Auvergne. » Ainsi firent-ils.

On était en 1751. Guettard découvrit toute une chaîne
de volcans éteints, et révéla à ses concitoyens qu'ils foulaient
un sol autrefois embrasé : les laves, les cendres, les scories,
les montagnes avec leurs cratères, en faisaient foi. Un étonnement, mêlé d'un peu de respect et de beaucoup de crainte,
accueillit une découverte si peu attendue.

Douze ans plus tard, un géologue pratique, le rustique
et pénétrant Desmarets, dans une de ces courses où il par-
courait pédestrement toute notre France, vint visiter le Puy-
de-Dôme; il y aperçut des piliers de pierre noire dont la
figure et la position lui rappelèrent tout ce qu'il avait lu
sur les basaltes et les chaussées de géants. Ces colonnes, par
leur régularité, portaient l'empreinte d'un produit fondu;
il les suivit, les étudia, et ne put douter qu'elles n'eussent été
coulées par le feu.

L'origine ignée des basaltes, l'action du feu était donc
prouvée; mais où cet agent formidable résidait-il?

*A de grandes profondeurs au-dessous de l'écorce conso-
lidée du globe*, osa dire, pour la première fois, un autre
géologue français, Dolomieu, en qui le génie, mis à l'é-
preuve des plus rudes malheurs, prenait parfois des expres-
sions inspirées.

Ces cratères éteints, ces basaltes fondus, ces feux à de
grandes profondeurs, tout cela dérangeait singulièrement le
système du bon Werner, qui ne voulait rien admettre au-
dessous du granit, et ne voyait au-dessus que des couches de

formation aqueuse. Aussi, lorsque, le premier d'entre les Neptuniens allemands, Léopold de Buch eut la témérité de venir, dans le foyer même du vulcanisme, s'assurer si notre Auvergne, telle qu'on la dépeignait, appartenait bien au monde réel, il faisait acte d'indépendance. L'étonnement de Pergine devait être bien dépassé. Ici, ce ne fut plus seulement la nature qui lui donna ses enseignements : des hommes de génie l'avaient précédé ; ils lui avaient ouvert la route ; et que ne pouvait espérer ce jeune et vigoureux esprit, s'il parvenait à ressaisir les grandes pensées que ces mêmes lieux, ces mêmes phénomènes leur avaient inspirées !

Son exploration de l'Auvergne fut opiniâtre et profonde. Il y appliqua toutes les forces de son esprit, et, le contraignant, il en fit sortir les germes admirables de toutes les grandes idées que sa vie entière a été consacrée à développer.

La relation de ce voyage est remplie des traces de ses hésitations et de ses efforts. A la vue des basaltes, il s'écrie : « Comment croire à leur origine ignée, quand on se rappelle « les roches qui les accompagnent en Allemagne..., et cepen- « dant ici peut-on en douter ? » — Devant les couches bouleversées et déplacées : « Je vois, dit-il, s'écrouler l'édi- « fice qui, par la grande ordonnance de la série des roches, « nous donnait la structure du monde en même temps que son histoire. » — Enfin, à l'aspect de cette longue chaîne de Puys, qui se prolongent à la suite du Mont-Dore, il va jusqu'à pressentir la possibilité du soulèvement de la masse entière de ces volcans : « Eh ! qui nous empêche, s'écrie-t-il, « de concevoir toute la masse du Mont-Dore comme ayant « été soulevée ? »

2.

Voltaire nous dit qu'un Français qui, de son temps, passait de Paris à Londres, *trouvait les choses bien changées.* Il avait laissé le monde plein, il le trouvait vide ; il avait laissé une philosophie qui expliquait tout par l'impulsion, il en trouvait une qui expliquait tout par l'attraction.

Notre jeune homme était passé d'Allemagne en France, et la même chose lui arrivait.

Werner avait dit que toutes les roches, sans exception, le porphyre, le granit, le basalte même, étaient le produit de l'eau ; ici le granit, le porphyre, le basalte portaient l'empreinte évidente, le témoignage irrécusable de l'action du feu ;

Werner avait dit que la superposition des couches gardait toujours le même ordre : le granit au-dessous du gneiss, le gneiss, le porphyre, etc., au-dessous du calcaire, etc. : en Italie, en Auvergne, tout cet ordre était renversé ; ici le granit, là le porphyre, se trouvaient au-dessus du calcaire ;

Werner avait dit que le siége des volcans ne dépassait pas la limite des houilles, source, selon lui, des matériaux qui les entretiennent ; ici le foyer des volcans se montrait au-dessous des roches les plus profondes, du porphyre, du granit, de l'écorce terrestre ;

Enfin, Werner n'avait vu, dans les volcans, que des phénomènes accidentels, locaux, d'une médiocre puissance ; et, dans l'Auvergne, tout démontrait l'étendue, tout faisait sentir la puissance de ces forces cachées et profondes qui avaient pu soulever des roches immenses, et jusqu'à des montagnes entières, telles que le Cantal et le Mont-Dore.

Le voyage d'Auvergne, en ouvrant à M. de Buch toute

une suite de grandes vues, lui fit sentir le besoin de se donner des ressources nouvelles.

Un Anglais a dit de lui, « qu'il allait partout prendre la
« mesure de ceux qui cultivaient sa science favorite. »

Ce qu'il venait d'apprendre de la sagacité des savants français lui inspira le désir de *prendre leur mesure*. Il vint à Paris,
y noua des relations, y connut Haüy : « J'ai été reçu avec bonté
« et amitié, » dit le jeune homme de génie, qui sentait le prix
de quelques paroles d'encouragement accordées par un grand
maître.

Il visitait les musées, étudiait avec ardeur les collections,
fouillait les bibliothèques, recherchait la conversation des
hommes instruits, puisant partout, et rattachant tout à sa
grande tâche de labeur actif, et surtout de méditations inces-
santes.

Il ne manqua à sa vie qu'une part : ce fut celle de la vanité,
à laquelle il ne laissa jamais de prise. Poursuivi par le besoin
d'observer, à partir de l'Auvergne, il ne fit à proprement
parler qu'un voyage, mais ce voyage dura toute sa vie.—Quel
mode de transport préférez-vous? lui demandait étourdiment
un homme qui se croyait observateur. — Hé! ne savez-vous
donc pas, répond avec humeur M. de Buch, en s'appuyant
sur son inséparable parapluie, comment doit voyager un
géologue?

En effet, on l'a vu parcourir, à pied, les Apennins d'une
de leurs extrémités à l'autre, passer des cratères du Vésuve
aux monts de l'Écosse, de l'Etna aux neiges du cercle polaire, prendre les Alpes à Vienne, les suivre jusqu'à Nice,
passer par le Mont-Dore et l'Auvergne, station favorite qui

ramenait à Paris, où ses tendances vers les esprits élevés l'a-
vaient assez naturalisé pour l'y retenir quelquefois, sans l'y en-
chaîner jamais. Il ne prévenait point de son arrivée, et moins
encore de son départ. Un savant, qui avait été surpris par sa
visite, allait pour l'en remercier, le voyageur avait disparu :
en rentrant chez lui, le visiteur apprenait, par une lettre
datée de Naples ou de Stockholm, quel était le lieu où il fallait aller chercher M. de Buch. Un jour à Paris, un géologue
connu se présente pour le voir, et le rencontre sur le seuil
de la porte de son hôtel, son parapluie à la main (c'était un
mauvais signe.—Vous sortez, permettez que je vous accom-
pagne. — Volontiers. — Mais où allez-vous? — A Berlin.

Prenant, chaque printemps, sa volée, il partait sans autre
suite que ce compagnon fidèle, sans autre guide que sa pensée, sans autre bagage que son livre de notes, son baromè-
tre, deux ou trois volumes favoris, et surtout cette pioche
infatigable qui a fait résonner tant de roches : le tout
était contenu dans les vastes poches d'un double vêtement
toujours le même, et qui, préservatif contre tant de tem-
pératures si diverses, portait quelquefois l'empreinte de ce
service multiple. Si, dans ses courses, l'attrait du calme ou
de l'observation l'ayant trop captivé, il était surpris par la
nuit, il se dirigeait vers la ville la plus prochaine, s'y présentait au meilleur hôtel : alors son bizarre équipage amenait
quelquefois de singuliers conflits. Mais comme un parfum
de justice et de bonté était toujours l'impression dominante
qu'il laissait après lui, ses apparitions fantastiques finirent
par sembler, dans toutes ses villes de passage, un ressou-
venir de ces bienfaisants génies des légendes allemandes.

On le vit, pendant longtemps, retourner, chaque année,

à une époque fixe, vers le manoir paternel : un frère, atteint
de cécité, l'y attendait, et M. de Buch ne voulait laisser
à personne le soin de le conduire aux eaux de Carlsbad.

En 1804, le Vésuve ayant manifesté quelques signes d'agi-
tation, il s'y rendit de nouveau, et, cette fois, avec MM. de
Humboldt et Gay-Lussac. De l'ensemble des observations,
faites par ces hommes supérieurs, est résulté une exposition
savante de tous les effets qui se rattachent à une éruption
volcanique : les tremblements de terre furent reconnus insé-
parables de ces actions violentes ; la nature des gaz exhalés,
la composition des laves furent soumises à l'examen ; enfin
la force, le développement, la durée de ces terribles phénomènes, tout cela fut, pour la première fois, entrevu.

M. de Buch, nommé, en 1806, membre de l'Académie des
sciences de Berlin, lut, à cette occasion, un discours sur
la progression des formes dans la nature. La vue philoso-
phique de la succession des êtres avait été posée par Buffon.
A de si hautes conceptions, les travaux récents de Cuvier
ajoutaient un merveilleux commentaire. L'Allemagne fut
frappée d'admiration lorsqu'elle entendit développer ces
grands aperçus, empruntés à la France. Dans ce discours,
l'auteur peint les gradations successives de la Création :
les corps inorganiques servant d'éléments dans un monde
qui se prépare pour les êtres animés, les êtres animés
venant prendre place, les uns après les autres, depuis le
plus simple jusqu'au plus compliqué, jusqu'à l'homme, ce
dernier terme du progrès, dont l'apparition lui inspire ces

nobles paroles : « A l'existence de cet être le plus élevé et le
« plus libre, un grand concours de causes physiques était
« nécessaire. Lui seul embrasse le globe d'un pôle à l'autre :
« par une force intérieure, il se détache de la matière, s'é-
« lève au-dessus d'elle; et, cet essor pris, qui oserait lui tracer
« des limites? »

Trente ans environ avant l'époque où M. de Buch s'expri-
mait ainsi, le livre célèbre de Pontoppidan avait, en quelque
sorte, révélé à l'Europe des contrées qui lui appartiennent,
et qui pourtant lui étaient alors aussi inconnues que certains
cantons de l'Inde ou de l'Amérique. Le sol de la Péninsule
scandinave, jusque là vierge d'études, promettait à M. de
Buch des impressions nouvelles. Il part, et, dès les environs
de Christiania, il trouve des montagnes de porphyre repo-
sant sur le calcaire, et des masses énormes de granit ap-
puyées sur des couches à pétrifications.

Ce fut le dernier coup porté à sa foi première. A dater de
ce moment, M. de Buch ne songea plus à défendre le neptunisme.

Il consacra deux années à étudier le sol de la Suède et celui
de la Norwége. Son énergie s'augmentant avec les difficultés, il
s'avance tantôt par terre et tantôt par mer, parvient à explorer les innombrables petits golfes qui forment une ceinture
aux côtes si accidentées de la Péninsule scandinave, et remonte jusqu'aux rochers arides et neigeux du Cap-Nord.

La solution d'un grand problème le préoccupait.

Depuis plus d'un demi-siècle, les habitants des côtes
croyaient voir le niveau de la mer s'abaisser graduellement.

A l'instigation du célèbre astronome Celsius, on avait gravé des marques sur les rochers à Gefle et à Calmar. Linné lui-même était venu tracer un niveau sur un bloc, qu'il décrit avec une précision toute botanique. Telle ville maritime était devenue continentale, tel petit bras de mer se trouvait transformé en grande route, les traditions aidant, on ne pouvait plus se permettre, dans le pays, de mettre en doute la diminution des eaux. « Quel singulier phénomène! s'écrie M. de « Buch; à combien de questions ne donne-t-il pas lieu! » Et, après une sérieuse étude, il ajoute : « Il est certain que le ni- « veau de la mer ne peut s'abaisser, l'équilibre des eaux s'y « oppose. Cependant, le phénomène de la retraite ne peut, « non plus, être révoqué en doute : il ne reste d'autre idée à « embrasser que celle du soulèvement général de la Suède, « depuis Fredericshall jusqu'à Obo, et peut-être jusqu'à Saint- « Pétersbourg. »

Lorsque cette grande pensée fut mise au jour, on ne prévit pas toute l'importance qu'elle devait bientôt acqué-rir : le soulèvement démontré d'une partie de nos continents est la découverte qui a le plus contribué à fortifier la théo-rie nouvelle des volcans, celle de l'origine des montagnes, et qui nous a donné l'aperçu le plus général sur l'effort continuel, la réaction incessante de l'intérieur du globe contre son enveloppe.

A l'extrémité de la Péninsule, d'autres phénomènes at-tendaient l'observateur. Il vit ces neiges éternelles qui par-tout planent sur l'atmosphère dans laquelle se développent les êtres organisés, et qui sous la zone torride se soutien-nent au niveau de la cime du Mont-Blanc, atteindre, sur les côtes du Finmarck, des collines à peine cinq ou six fois plus hautes que nos grands ouvrages d'architecture.

Notre spirituel Regnard avait autrefois tenté de visiter ces contrées, réputées inaccessibles. On l'avait vu s'avancer, braver leurs rigueurs, jusqu'à ce qu'enfin leurs glaces paraissant infranchissables à sa muse, il déclara poétiquement, dans une inscription « destinée, dit-il, à n'être lue que par les ours, » qu'il avait touché au bout du monde :

Hic tandem stetimus nobis ubi defuit orbis.

Bien plus loin que ce *bout du monde*, et au delà du cercle polaire, après un hiver long, sombre et glacé, M. de Buch fut témoin de cet *été boréal,* si curieux et si peu connu, qu'il appelle la *saison du jour,* de ce *jour continu* qui dure deux mois.

A la date du 4 juillet, il écrit : « La présence conti-
« nuelle du soleil et la sérénité constante de l'air don-
« nent aux jours de ces contrées un charme particulier.
« A l'approche de minuit, lorsque cet astre prolonge sa
« marche vers le nord, tout le pays jouit d'un calme parfait;
« la clarté est à tous les instants la même ; c'est seulement
« par l'abaissement du thermomètre que l'on parvient à
« s'assurer que la soirée est avancée. Un peu après, toute la
« nature commence à s'animer lentement, des nuages s'élè-
« vent de terre, de petites vagues à la surface des eaux
« font voir que l'air qui vient du nord se presse avec plus de
« force vers le sud. Le soleil monte à l'horizon, ses rayons
« agissent, et le murmure des ruisseaux, gonflés par la fonte
« des neiges, augmente sensiblement jusqu'à ce que, par l'ef-
« fet d'une nuit nouvelle, on ne ressente plus qu'une douce
« chaleur. »

La Scandinavie ne se caractérise pas moins par ses populations que par ses phénomènes physiques. Son eau glacée et ses lichens suffisent à entretenir l'agilité et la vigueur du renne, noble et doux compagnon de la vie nomade du Lapon, cet échantillon de notre race, qui, dans sa forme trapue, ses mœurs agrestes, porte l'empreinte de la zone sous laquelle il a osé aventurer notre humanité. A côté de lui, mais avec des différences bien tranchées, viennent et le Norwégien habitant des côtes, dédaigneux de ce voisin amoindri, et le Finois agriculteur, qui adoucit sa rudesse, polit ses habitudes, fait pénétrer la civilisation jusqu'aux derniers confins du monde habité, et tente de nous emprunter jusqu'à nos jouissances les plus délicates. « J'ai vu dans une ville près du « Cap-Nord, dit M. de Buch, une bibliothèque publique « où, à côté des poëtes danois, étaient placés les chefs- « d'œuvre de Corneille, de Molière et de Racine.»

En rentrant sur le continent, M. de Buch y trouva son autorité agrandie. Sa patrie, son Académie, l'Europe savante le reçurent avec respect; lui-même se sentait maître dans le champ, si vaste et si rarement atteint, des généralisations supérieures. Ramené sur le théâtre de ses premiers travaux, pendant plusieurs années il parcourut les chaînes de montagnes de l'Europe centrale, l'esprit constamment tendu vers les grandes idées qu'il s'était posées, savoir : — que les bouleversements des couches primitives du globe tiennent à une cause souterraine et profonde, laquelle se rattache à l'action volcanique; — que non-seulement les basaltes, mais encore toutes les roches cristallines, sont sorties du sol à l'état de lave; — et que c'est aux réactions de l'intérieur de la terre

3.

qu'est dû le soulèvement des montagnes et celui de contrées
entières, telles que la Suède.

Tandis que ces pensées fermentaient dans sa tête, il se
trouva à Londres, comme il se trouvait partout. Il y rencontre un savant norwégien, le botaniste Smith. C'était pendant l'hiver de 1814. « Nos conversations, dit M. de Buch,
« s'arrêtaient sur la facilité avec laquelle on se transporte
« de cette capitale vers presque toutes les régions connues ;
« le désir d'en profiter devint bientôt si fort, que nous ré-
« solûmes de partir pour les îles Canaries : » — résolution
heureuse, et qui a valu à la géologie un ouvrage qui restera
la marque de l'un de ses plus grands progrès.

Les îles Canaries avaient été déjà visitées par de très-ha-
biles observateurs, et, pour n'en nommer qu'un seul, par
l'un de nos plus anciens et plus chers confrères, l'illustre
continuateur de Dolomieu, M. Cordier ; mais jusque-là on
ne les avait étudiées que pour elles-mêmes : M. de Buch les
étudia pour s'en emparer et les soumettre à ses conceptions.

Son livre se divise en deux parties. La première embrasse tous les détails de description : l'étude des roches,
celle des hauteurs des pics, des variations de climat, etc.

Dans la seconde, et la principale, M. de Buch, en quelques pages, non moins admirables par la précision du langage que par le savoir, nous expose toute sa théorie des
volcans, c'est-à-dire tout ce que ses longues et perspicaces
observations lui ont appris de plus général et de plus constant sur ces grands phénomènes, jusque-là si mystérieux.

Il définit nettement un volcan : « une communication

« permanente entre l'atmosphère et l'intérieur du globe. »

Il distingue ensuite l'effort qui *soulève* de l'effort qui *rompt :* le premier lui donne ce qu'il appelle le *cratère de soulèvement*, et le second ce qu'il nomme le *cratère d'éruption.*

Il montre que, dans chaque volcan, il y a un point central, autour duquel se font les éruptions, et que ce point central en est toujours le sommet le plus élevé, le *pic.*

Il va plus loin ; il découvre, entre tous les volcans des îles Canaries, une action commune ; il rattache au pic de Ténériffe les éruptions de l'île de Palma et à celles de Palma celles de Lancerotte, car toutes ces éruptions sont solidaires, et l'une ne commence jamais que l'autre n'ait déjà cessé.

Dans ses mains habiles, le fil de l'analogie, une fois saisi, ne se rompt plus. Des volcans des Canaries, il passe aux volcans du globe entier, et les range tous en deux classes : les volcans centraux et les chaînes volcaniques.

Les premiers forment le centre d'un grand nombre d'éruptions qui se font autour d'eux.

Les seconds sont tous disposés en ligne, les uns à la suite des autres, dans une même direction, comme une grande fente ou rupture du globe, et probablement, ajoute M. de Buch, *ne sont pas autre chose.*

Enfin de ces pointes de rochers, soulevés par le feu, sa vue se portant sur les innombrables îles disséminées dans le grand Océan, il les ramène à celles qu'il vient d'étudier, et les réunit toutes sous le nom générique d'*îles de soulèvement,* détruisant ainsi l'opinion qui a longtemps regardé les premières comme les débris épars d'un continent perdu.

A peine de retour des Canaries, vers 1819, un doute trans-

porte M. de Buch aux îles Hébrides : c'était à leurs basaltes
que s'adressait cette visite; la chaussée des géants fut le
chemin par lequel il reprit la route de l'Allemagne. A peine
en a-t-il touché le sol, qu'un autre doute le contraint à ga-
gner Paris. On était au cœur de l'hiver ; une blessure au
bras, résultat d'un voyage précipité, semblait devoir le retenir; rien ne l'arrête; il prend un jeune parent, court en poste
cette fois, car son impatience est extrême.—« Si, disait-il, de
Humboldt avait déjà quitté Paris, la grande ville me semble-
rait déserte. » Il arrive assez tôt, les deux amis se rencontrent ;
mais comment trouver le temps des longues causeries? tous
les salons réclament M. de Humboldt. Les entretiens sont
cependant réguliers : seulement ils commencent à minuit, et
ne finissent que le matin.

La continuité de cette intempérance scientifique, aggravée
par un refroidissement, rend M. de Buch tout à fait malade.
Le jeune parent, M. d'Arnim, ose hasarder quelques mots de
blâme : « Il est vrai que c'est ma faute, répond humblement
« le coupable; le feu de la cheminée près de laquelle nous
« causions s'était éteint, j'avais bien froid; mais, en faisant
« un mouvement pour le rallumer, peut-être aurais-je fait
« partir de Humboldt. J'ai préféré souffrir à être privé de sa
« conversation, et j'en suis bien content, car j'y ai beau-
« coup gagné. »

Jusqu'ici M. de Buch n'avait présenté sa grande idée du
soulèvement des montagnes qu'avec la réserve d'un esprit
délicat, qui se sait hardi.

En 1822, après une étude nouvelle du *Tyrol méridional,*
il se montre plus résolu ; et, dans un écrit publié sous le titre

de *Lettre*, il nous livre sa pensée la plus intime, et, si l'on peut ainsi dire, son dernier mot sur ces grandes et audacieuses questions.

.C'est là qu'il déclare, avec une autorité que nul homme encore ne s'était acquise en ces matières, que toutes les masses redressées de ce globe doivent leur position actuelle à un véritable *soulèvement.*

Ce soulèvement, nettement conçu, lui explique le fait, resté jusque-là sans explication, des coquilles marines trouvées sur le sommet des plus hautes montagnes.

Ce ne sont pas les mers qui se sont élevées jusqu'au sommet des montagnes, ce sont les montagnes qui ont été soulevées du fond des mers : jamais difficulté plus grave, ni plus longtemps rebelle aux efforts des meilleurs esprits, n'a été résolue d'une manière plus simple. Le fait renversé, c'est-à-dire vu tel qu'il est, a donné lui-même son explication, et cette explication a changé la face de la science.

Avec M. de Buch, un aperçu de génie succède à un autre.

Une première vue lui découvre le soulèvement des montagnes et celui des continents;

Une seconde, le mécanisme de la formation des volcans;

Une troisième, le rapport qui lie le déplacement des mers au soulèvement des montagnes.

Une de ses vues fécondes, celle de la *discordance* des roches, révèle à un grand géologue de nos jours, à celui qui par ses travaux propres a rallié les travaux de M. Cuvier à ceux de M. de Buch, à notre illustre confrère M. Élie de

Beaumont, le premier germe de sa théorie savante de l'*âge relatif* des montagnes.

Enfin, une conception, très-ingénieuse et très-neuve, est encore due à M. de Buch.

Son explication de la formation de la *dolomie*, ou, plus généralement, de l'altération produite sur les roches, déposées et sédimentaires, par les roches soulevées et incandescentes qui les traversent, bien que soumise encore à quelques difficultés, n'en restera pas moins comme une indication d'un ordre supérieur, et qui marque à la géologie actuelle l'un de ses plus importants objets, l'étude des secondes actions du feu sur l'écorce du globe.

Après tant et de si magnifiques travaux, les bords riants de la Sprée virent enfin le noble et infatigable grand homme se laisser ramener chaque année, par les tempêtes de l'automne, vers la retraite gracieuse qu'il s'était choisie. Une simplicité pleine de charme, car elle était toute volontaire, présidait, dans cet asile, à sa vie intime. Dominé par le besoin du travail paisible, et partant par la nécessité du silence, il avait philosophiquement réduit à l'unité son personnel domestique; et lorsque le long âge vint ralentir l'agilité tout affectueuse de ce gardien vigilant, à l'exemple de Leibnitz, M. de Buch se fit apporter le vivre de l'extérieur. Souvent il ouvrait sa porte lui-même. Si l'étranger qui se présentait lui paraissait pouvoir être importun, à la question : — M. de Buch est-il chez lui? il répondait tranquillement : — Non; et refermant aussitôt, il retournait à son travail. Plusieurs fois les jeunes princes de la famille royale tentèrent l'aventure et furent introduits; car, aimé et honoré de son souverain,

qui en avait fait un de ses chambellans, chambellan fort peu
assidu à remplir sa charge, M. de Buch lui était attaché
par un dévouement héréditaire. Si le trouble dans ses méditations avait été occasionné par la venue d'un savant, dès
le seuil de la porte, le travailleur passionné, sans permettre
le bonjour, lui adressait une interpellation comme celle-ci :
« L'*ammonite semipartie* se montre-t-elle aussi en Thuringe ?

> Allons nous délasser à voir d'autres procès,

a dit le poëte.

M. de Buch *se délassait* alors en portant son insatiable
curiosité sur cette partie de l'écorce terrestre, due à l'action
des eaux, et dont la paléontologie venait de s'emparer pour y
rechercher les restes des races éteintes.

Depuis que la vie a paru sur le globe, elle a été soumise
à bien des vicissitudes, elle a revêtu bien des formes, bien
des populations diverses se sont succédé ; et comme chaque
population a confié ses dépouilles aux couches terrestres
contemporaines, on peut se servir de ces dépouilles pour
déterminer l'âge relatif de ces couches, et de l'histoire de la
vie pour éclairer et compléter l'histoire du globe.

M. de Buch compare, après Buffon, et très-justement, les
coquilles fossiles à des médailles ; il ajoute, par une expression tout à fait à lui, que ces médailles ont aussi leur *langue* ;
et, dans une suite de mémoires sur les *ammonites*, les *téré-
bratules*, les *productus*, etc., il nous révèle sur ces médailles,
sur cette *langue*, en un mot, sur l'art difficile et nouveau de
distinguer, avec sûreté, les *espèces* qui distinguent les *couches*, tout ce qu'il a appris du travail le plus opiniâtre et
le plus profond.

S'appliquaut, sans relâche, à restituer les antiques annales du monde, à l'étude des coquilles il joint l'étude des plantes fossiles; il donne à la vieille botanique le même secours qu'à la vieille zoologie, celui des caractères précis; et le terme expressif de *coquilles* et de *feuilles conductrices*, par lequel il désigne certaines coquilles et certaines feuilles, peut être appliqué à lui-même : il a été, dans ces matières délicates, le *conducteur* des autres géologues.

Mais *conduire* les esprits ne suffisait pas à l'homme excellent autant que supérieur. Il fallait encore qu'il intervînt, lorsqu'il découvrait des jeunes gens dont l'avenir ne semblait entravé que par les rigueurs de la fortune. Habile à faire naître ces occasions de prendre sa revanche de la modestie de ses propres besoins, il agissait alors avec la munificence d'un souverain. Ces faits se multiplièrent beaucoup, et furent rarement divulgués.

Vers un vaisseau prêt à mettre à la voile, se dirigeait, un jour, muni d'un fort léger bagage, un jeune savant qui, pour explorer l'Amérique, s'était dépouillé de l'héritage paternel. Sur son chemin l'attendait un inconnu : « Un ami qu'inspire le désir du progrès des sciences vous prie d'employer ceci pour elles ; » il remet une bourse au voyageur, et disparaît.

M. de Buch se trouvant à Bonn, un aspirant professeur de cette université se présente chez lui et le prie de lui accorder des lettres de recommandation, car il va s'associer à une expédition scientifique. — Revenez demain, lui dit l'illustre savant. Ce temps est employé en informations. — A l'heure dite, le jeune homme se présente, les lettres sont prêtes, on cause, le vieillard s'anime, se montre affec-

tueux, donne des avis, et enfin dit au visiteur, prêt à prendre
congé : « J'ai un service à vous demander. — Trop heureux !
répond celui-ci avec un naïf élan. — Ha ! oui, s'écrie brus-
quement M. de Buch, ils disent tous de même, et ensuite ils
se plaignent de ce que je les ai chargés de commissions qui
les gênent. » — Le pauvre jeune homme se confond en pro-
testations, il ne conçoit pas qu'on puisse le soupçonner de
mauvais vouloir et d'ingratitude. — « Eh bien ! réplique sè-
chement l'adroit interlocuteur, donnez-moi votre parole
d'honneur que vous ne me répondrez même pas après avoir
reçu ma commission. » — Le candide aspirant se presse d'o-
béir. — « Maintenant que j'ai votre parole, reprend M. de
Buch en changeant de ton, voici 2,000 thalers que vous de-
vrez consacrer à votre voyage. »

L'engagement ne s'était pas étendu jusqu'à ne jamais rien
dire. Aussi, ce secret devint-il trop lourd pour celui qui
ne le partageait qu'avec son bienfaiteur.

Déchiré entre la fièvre de l'art et les angoisses de la mi-
sère, un jeune peintre languissait à Rome. — Rien, abso-
lument rien que son talent et son malheur, ne le dési-
gnait. — Une ambassade est chargée de lui faire parvenir
une somme considérable. Il doit par délicatesse ne point
tenter de pénétrer ce mystère, car c'est, lui dit-on, une très-
ancienne restitution de famille.

Ramener à l'espérance les âmes froissées était, pour
M. de Buch, une des douceurs de la vie ; se poser en concilia-
teur entre des savants divisés par leurs opinions souriait à
son esprit et convenait à son caractère ; mais il fallait, avant
tout, que la science, sa sublime maîtresse, ne fût traitée

4.

qu'avec le plus grand respect. Juste et généreux dans ses appréciations des hommes, on le vit constamment relever avec énergie le mérite des travaux de ses contemporains. Ami sûr et constant, mais brusque, fantasque et parfois grondeur, lorsqu'un nuage naissait d'une de ses boutades, il le dissipait en faisant avec bonne grâce et esprit les frais du rapprochement. Dans l'intimité, il prenait un véritable plaisir à raconter toutes les méprises grotesques qui, dans ses voyages, avaient été le résultat de l'apparence bizarre qu'il se donnait.

Il aimait la société, mais non pas le grand monde. Les convenances, ses relations de famille, la charge dont il était revêtu, l'amenèrent quelquefois à la cour : en l'y voyant, on eût pu croire qu'il y était conduit par ses goûts. Ceux-ci l'entraînaient vers les cercles où l'esprit fait le fonds commun. C'est là qu'il s'épanchait : la grâce des mots heureux découlait, chez lui, de sa vive et fine intelligence, et d'un savoir complet en tout genre. Lorsqu'il était dans ses bonnes veines, une mémoire prodigieuse lui apportant son secours, rien n'était plus charmant que ses récits. Poli avec les femmes, il aimait beaucoup la société de celles qui dans cette lutte courtoise, dont nos salons sont le champ clos, et que nous nommons la conversation, apportent par leurs saillies heureuses le contingent souvent le meilleur, mais toujours au moins le plus gracieux.

Cette admiration ne put cependant entamer la liberté que réclamait la science. M. de Buch ne fût jamais marié. En revanche, les affections de famille exercèrent sur lui le plus puissant et le plus doux empire. Il aimait les jeunes

gens, faisait beaucoup pour eux, mais devenait d'un rigo-
risme déconcertant à la plus légère apparence de suffisance.
Déjà fort avancé dans le cours de sa vie, il quittait encore
son habitation lorsque les premiers rayons du soleil annon-
cent le printemps. « Je voyagerai », avait-il dit simplement;
et une promenade le conduisait de Berlin à Dresde : les
amis qui s'y étaient associés, déconcertés d'un pareil dé-
but, regagnaient leurs foyers. Quant à lui, il prolongeait sa
course jusqu'en Bohême ou en Suisse. Vieillard, on le vit
gravir les hautes chaînes des montagnes de la Grèce, n'y
cherchant, des populations éteintes, que celles qui se rattachent au monde réel, et trouvant plus d'attrait et surtout
plus d'instruction dans l'histoire chronologique d'une co-
quille que dans toutes les fictions brillantes qui animèrent
le Parnasse ou le mont Hymète.

En 1850, une Université allemande ayant convoqué les
naturalistes à un congrès dont le but était de célébrer la
mémoire de Werner, M. de Buch, au milieu de cette fête,
fut l'objet de tous les hommages : sa noble simplicité se
plut à les rapporter tous à son maître, et faisant allusion au
seul titre officiel qu'il eût jamais accepté : — *Moi!* disait-il
plaisamment, *mais je ne suis que le plus ancien élève royal
référendaire du royaume de Prusse.*

Au retour de cette réunion, il eut à traverser son pays
natal. La vue de ces belles plaines qu'il animait du souvenir
de ses jeunes années le jeta dans la rêverie : ému par l'impression si douce de l'air respiré au foyer de la famille, le
vieillard, pendant toute une longue nuit de profonde médi-

tation, semblait adresser aux lieux dont il s'éloignait à regret un touchant et silencieux adieu.

Il vint cependant encore visiter la France dont il aimait l'esprit, et siéger dans cette Académie à laquelle il se glorifiait d'appartenir. Il ne quitta Paris que dans les derniers jours de 1852 et s'éteignit doucement au printemps de 1853.

Cet homme, qui, en demandant, toujours et partout, des enseignements à la nature, s'était agrandi à sa contemplation directe, nous a laissé l'exemple d'une des plus belles carrières scientifiques.

Il a eu le bonheur de consacrer toute une longue vie, et le génie le plus pénétrant, à l'étude opiniâtre et profonde de l'une des plus hautes questions de la philosophie naturelle.

Descartes avait soupçonné l'origine ignée de ce globe; Leibnitz avait conclu cette incandescence première des traces, partout répandues, d'une fusion antique et immense; Buffon avait démontré l'existence, toujours subsistante, et de plus en plus concentrée dans le sein de la terre, du feu primitif; enfin Dolomieu avait prononcé, devant cette Académie, ces paroles, relevées par Lagrange : « Ce globe, d'abord « brûlant et fluide dans toute sa masse, l'est encore à l'inté- « rieur, et n'a de consolidé que son écorce; » mais aucun homme n'a plus contribué que M. de Buch à préparer la vaste et sublime généralisation qui ose placer dans ce feu profond, dans ce feu central, dont il n'a pourtant jamais prononcé le nom, ni pleinement admis l'idée, la cause première et unique, la cause puissante et terrible, de toutes les révolutions de ce globe.

NOTES.

Page 2, ligne 6... *Tandis que ce rare génie méditait le projet de donner à son pays une vaste association littéraire et scientifique...*

L'*Académie royale des Sciences et Belles-Lettres de Berlin*, dont Leibnitz a, le premier, conçu et proposé le plan complet.

Page 2, ligne 8... *Une colonie de savants français...*

Cette colonie française fut le noyau de l'Académie naissante : les Ancillon, les Lacroze, les Chauvin, etc.

Page 2, ligne 10. *L'Académie de Berlin fut instituée.*

La date de cette institution célèbre est l'année 1700. Leibnitz en fut nommé, dès l'origine, Président à vie.

Page 2, ligne 12. *Survint le règne de Guillaume Ier...*

Frédéric-Guillaume Ier, que son dédain pour les lettres fit surnommer par Voltaire : *le Vandale.*

Page 4, ligne 7. *Stenon, Burnet, Woodward, Whiston.*

Stenon : *Nicolai Stenonis de Solido intrà solidum naturaliter contento dissertationis Prodromus.* Florentiæ, 1669.
Burnet : *Telluris theoria sacra, etc.* Londini, 1681.
Woodward : *An essay towards the natural history of the earth, etc.* London, 1695.
Whiston : *A new theory of the earth.* London, 1708.

Page 4, ligne 11. *Leibnitz, le premier...*

Leibnitz : *Protogæa, sive de primd facie telluris, etc.* (*Actes de Leipsick*), 1683.

Page 4, ligne 21... *Dans ses Époques de la nature, son ouvrage le plus médité et le plus parfait...*

Voyez, pour plus de développement sur ce point, mon *Histoire des travaux et des idées de Buffon*, p. 208 et suiv. (2ᵉ édition).

Page 5, ligne 1. *Les Vulcaniens eurent pour chefs, en Angleterre, Hutton et Playfair...*

Hutton (James), né en 1726, mort en 1797 : *Theory of the earth, with proofs and illustrations, in four parts.* Edinburgh, 1795. — Cet ouvrage est la reproduction de deux premiers *Essais* ou *Mémoires*, publiés, le premier en 1785, et le second en 1788.

Playfair (John) : *Illustrations of the Huttonian theory of the earth.* Edinburgh, 1802.

Page 5, ligne 2... *Et, en France, Desmarets et Dolomieu.*

Desmarets (Nicolas), né en 1725, mort en 1815. Le premier qui ait conçu, en France, le système du *vulcanisme.*

Dolomieu (Déodat-Guy-Sylvain-Tancrède de Gratet de), né en 1750, mort en 1801. Le géologue qui a porté le plus loin, avant M. de Buch, la théorie des volcans et celle de l'action du feu sur le globe.

Page 5, ligne 3. *L'école de Freyberg, où se pressait l'Allemagne autour de Werner....*

Abraham-Gottlob Werner, né en 1750, mort en 1817. L'homme de son temps qui a le plus influé sur la marche de la géologie.

Page 5, ligne 12... *Et qu'une paresse d'écrire...*

Werner n'a laissé que fort peu d'écrits, et très-courts : son *Traité des caractères des minéraux* (1774), ouvrage où règne l'esprit de Linné, sa *Classification et description des montagnes* (1787), et sa *Nouvelle théorie de la formation des filons* (1791), ouvrage supérieur où se révèle partout le génie de l'observation et de la méthode.

Page 5, ligne 21... *Son attachement sympathique pour Charles Friesleben...*

Johann Karl Friesleben, mort en 1846, capitaine des mines à Freyberg. Connu par plusieurs écrits de géologie sur le *gypse du Val-Canaria*, les *formations de la Thuringe*, etc.

Page 5, ligne 25. *A dix-huit ans, notre jeune élève... publie une description minéralogique...*

Matériaux pour une description minéralogique de la contrée de Carlsbad. Freyberg, 1792.

Page 6, ligne 2... *Il adresse au ministre Heinitz un second travail...*

Dissertation sur la pierre de croix, 1795.

Le plus complet et le meilleur des premiers écrits de M. de Buch est sa *Description minéralogique de Landeck,* ouvrage regardé aujourd'hui encore comme un modèle en son genre. 1797.

Page 6, ligne 18. *On a dit des disciples de Werner...*

Voyez l'excellent ouvrage de d'Aubuisson de Voisins, intitulé : *Traité de géognosie,* etc. 1819.

Page 6, ligne 23... *Passa un hiver à Salzbourg...*

Séjour partagé avec son ami de Humboldt, et resté célèbre par les expériences de celui-ci sur la *météorologie* et l'*eudiométrie.*

Page 9, ligne 13. *Buffon n'avait vu, dans les volcans, qu'un amas de soufres et de pyrites...*

« ... Il se sera formé dans ce noyau de montagne une infinité de petites et de
« grandes fentes perpendiculaires...; les pluies auront pénétré dans toutes ces
« fentes, et elles auront détaché dans l'intérieur de la montagne toutes les ma-
« tières qu'elles auront pu enlever ou dissoudre; elles auront formé des pyrites,
« des soufres et d'autres matières combustibles, et lorsque, par la succession des
« temps, ces matières se seront accumulées en grande quantité, elles auront fer-
« menté, et, en s'enflammant, elles auront produit les explosions et les autres effets
« des volcans. Peut-être aussi y avait-il dans l'intérieur de la montagne des amas
« de ces matières minérales déjà formées avant que les pluies pussent y pénétrer,
« et dès qu'il se sera fait des ouvertures et des fentes qui auront donné passage à
« l'eau et à l'air, ces matières se seront enflammées et auront formé un volcan. »
Buffon, t. I, p. 287. (Je cite toujours ici mon édition de Buffon.)

Page 9, ligne 14... *Placé tout près du sommet des montagnes.*

« Le feu du volcan vient plutôt du sommet que de la profondeur intérieure
« de la montagne. » *Buffon,* t. I, p. 285.

5

Page 10, ligne 2... *Notre célèbre naturaliste Guettard...*

Guettard (Jean-Étienne), né en 1715, mort en 1786. — *Mémoire sur quelques montagnes de la France qui ont été des volcans. (Mém. de l'Académie des Sciences, année 1752.)*

« Ce fut à Moulins que je vis les laves pour la première fois : Je les reconnus
« d'abord pour des pierres de volcans, et je pensai dès lors qu'il devait y en avoir
« eu un dans le canton d'où l'on disait que ces pierres étaient apportées. L'envie
« que j'eus de voir ce pays ne fit qu'augmenter dans les différents endroits où la
« route me conduisait, et où je pouvais retrouver cette pierre employée dans les
« bâtiments. Arrivé enfin à Riom, je ne pus me persuader que cette ville, étant
« presque entièrement bâtie de cette pierre, les carrières en fussent bien éloignées;
« j'appris qu'elles n'en étaient qu'à deux lieues : j'aurais regardé comme une vraie
« perte pour moi, si je n'eusse pas vu cet endroit. J'y allai donc : Je n'eus pas com-
« mencé à monter la montagne qui domine le village de Volvic, que je reconnus
« qu'elle n'était presque qu'un composé des différentes matières qui sont jetées
« dans les éruptions des volcans... » (Mém. cité, p. 31.)

Page 10, ligne 7. *Un étonnement mêlé de crainte...*

« Je ne crois pas que l'on doute maintenant de la réalité de nos volcans; peut-
« être même que l'on craint pour les lieux qui en sont voisins : pour moi, sûr du
« premier point, je ne serais pas non plus hors de crainte par rapport au second... »
(Mém. cité, p. 53.)

Page 10, ligne 15... *Ces colonnes, par leur régularité, portaient l'empreinte d'un produit fondu...*

Ce qui porta la dernière conviction dans l'esprit de Desmarets, c'est qu'il re-
marqua qu'elles s'y trouvaient, presque toujours, à l'extrémité de longues coulées
de laves, lesquelles partaient elles-mêmes de cratères encore très-reconnaissables.

« En 1763, je traversai une partie de l'Auvergne, où l'on trouve des traces de
« volcans, et particulièrement depuis Volvic jusqu'aux monts Dor. Sur le chemin
« de Clermont au Puy-de-Dôme, j'aperçus d'abord quelques prismes d'une pierre
« noire et compacte, semblable à celle qui recouvrait une grande partie de la su-
« perficie de la plate-forme. Ces prismes étaient placés sur un lit de scories... Un
« peu plus loin, je trouvai d'autres prismes encore plus réguliers... Ils apparte-
« naient à cette croûte de pierre noire dont j'ai parlé, laquelle recouvre la plaine
« haute qui conduit au pied du Puy-de-Dôme...

« Je fis ces deux remarques en allant à cette montagne fameuse... Comme au
« retour du Puy-de-Dôme, j'avais suivi la croûte pierreuse, dont les prismes fai-
« saient partie, j'y avais reconnu le caractère des laves compactes et à grain serré.
« Considérant ensuite le peu d'épaisseur de cette croûte qui était établie sur un lit
« de scories, et qui, prenant son origine au pied des montagnes dont la forme et
« les matériaux annonçaient des cheminées de volcans, avait recouvert un massif
« de granit non altéré par le feu, elle se présenta tout aussitôt à mon esprit comme
« le produit d'un courant sorti d'un volcan voisin. J'en déterminai, d'après cette
« première idée, les limites latérales et les extrémités les plus éloignées; je retrou-
« vai les prismes qui m'offraient dans son épaisseur leurs faces et leurs arêtes, et
« à sa surface me montraient leurs bases, bien distinctes les unes des autres. Je
« fus très-porté à croire que le basalte prismatique pouvait appartenir aux pro-
« ductions des volcans, et que cette forme constante et régulière était la suite de
« l'ancien état de fusion où la lave s'était trouvée.
« Enfin les courses que je fis aux environs de Clermont me procurèrent une ob-
« servation,... revêtue de toutes les circonstances les plus décisives. En face des
« fontaines de Royat est une large brèche que le ruisseau de la Font-de-l'Arbre
« a faite dans un courant échappé du flanc septentrional de la montagne de Gra-
« veneire. Sur les bords de cette coupure, on voit des prismes dont les formes sont
« assez décidées, et même on distingue dans quelques-uns des ébauches d'articula-
« tions. Si l'on remonte ensuite des fontaines de Royat, le long des croupes qui
« conduisent au foyer de Graveneire, on parvient jusqu'à la bouche de ce volcan,
« en suivant les courants de laves et les amas de scories qui les accompagnent.
« Après cet examen, on ne doute plus que ces prismes de Royat, qui font partie du
« courant, ne soient une lave et un produit du volcan de Graveneire... » — Desmarets : *Mémoire sur l'origine et la nature du basalte à grandes colonnes polygones,
déterminées par l'histoire naturelle de cette pierre, observée en Auvergne. (Mém. de
l'Acad. des Sciences,* année 1771, page 706 et suiv.)

Il faudrait tout citer de ce Mémoire, où l'auteur suit, avec un soin infini, les
différents progrès de ses observations et de sa découverte.

Enfin, il conclut ainsi :

« Je ne doute plus que les assemblages des colonnes prismatiques d'Auvergne
« n'appartiennent à la même conformation que ceux du comté d'Antrim, et que
« cette forme constante et régulière ne soit produite dans le comté d'Antrim par
« une cause semblable à celle qui s'annonce d'une manière si uniforme en Au-
« vergne. » (*Ibid.,* p. 708.)

5.

Page 10, ligne 21. *A de grandes profondeurs au-dessous de l'écorce consolidée du globe, osa-dire...*

« Les premières conclusions à tirer... sont : 1° que les produits volcaniques
« appartiennent *ici* à un amas de matières qui diffèrent des granites et qui reposent
« au-dessous d'eux ; que les agents volcaniques ont *ici* résidé sous le granit, et
« travaillé dans des profondeurs très-inférieures à lui... » (Dolomieu : *Rapport
fait à l'Institut national sur ses voyages de l'an V° et VI°*, p. 408.)

« Pour être aussi exact qu'il est possible » (ajoute Dolomieu, comme effrayé de cet
élan de génie, qui le portait si loin des idées reçues) « je me suis toujours servi
« de l'adverbe *ici*, pour restreindre aux seules localités qui m'ont fourni ces ob-
« servations les conclusions que j'en tire. » (*Ibid.*, p. 409.) Et aussitôt, et par un
nouveau retour de génie, il reprend : « Mais j'ai des raisons de croire qu'il en est
« ainsi dans tous les autres volcans, quelle que soit d'ailleurs la nature du sol qui
« les environne : je pense que partout c'est à de grandes profondeurs dedans ou
« au-dessous de l'*écorce consolidée* du globe que résident les agents volcaniques,
« ainsi que les bases de toutes les déjections, que là restent cachées les causes qui
« contribuent à l'inflammation dont sont accompagnées les éruptions, et celles
« qui produisent la fluidité des laves. » (*Ibid.*, p. 409.)

Page 10, ligne 28... *Le système du bon Werner, qui ne voulait rien admettre au-
dessous du granit, et ne voyait au-dessus que des couches de formation aqueuse...*

Rien de plus célèbre, et qui ait plus longtemps dominé en géologie, que le *système* de Werner : une mer, universelle et tranquille, dépose, en grandes masses, les
roches primitives, roches nettement cristallisées, où domine d'abord la silice. Le
granit fait la base de tout : au granit succède le gneiss, qui n'est qu'un granit
commençant à se feuilleter ; peu à peu l'argile prend le dessus ; les schistes de différentes sortes naissent, etc.

Werner ne quitta jamais la Saxe, et l'on peut dire de lui qu'il se pressa trop de
conclure que tout le monde était fait comme sa province.

Page 16, ligne 13... *Et dès les environs de Christiania...*

« Des porphyres en grandes masses, en montagnes même, sont placés sur une
« roche calcaire coquillière ; ces porphyres se trouvent recouverts par une syénite
« presque entièrement composée de feldspath en grandes lames ; cette syénite
« enfin se cache sous un granit qui ne se distingue nullement, quant à sa compo-
« sition, d'un granit de la formation la plus ancienne.

« Ces phénomènes, qui donnent sans doute aux environs de Christiania un

(37)

« très-grand intérêt géologique, ont été observés avec beaucoup de sagacité et dé-
« crits par M. Haussmann, professeur à Gœttingue, dans un mémoire particulier,
« inséré dans le Journal du baron de Moll. » (De Buch, *Voyage en Norwége et en
Laponie.)

PAGE 20, LIGNE 1. ... *Le soulèvement des montagnes et celui de contrées entières...*

Ou, plus exactement, *le soulèvement de contrées entières et des montagnes*; car,
selon M. de Buch, c'est d'abord le *porphyre rouge* qui soulève les contrées, les
continents, et c'est ensuite le *porphyre augitique*, le *porphyre noir*, qui soulève les
montagnes et perce le porphyre rouge.

« Le soulèvement du *porphyre pyroxénique* est postérieur à la formation des
« grès rouges et des couches calcaires; mais ces grès sont essentiellement liés à la
« formation du *porphyre rouge*, et on ne peut guère les en séparer. Il s'ensuit que
« le *porphyre pyroxénique* doit avoir percé le *porphyre rouge*, de même que le
« grès; pour l'avoir percé, il a dû avoir élevé ce porphyre même... » (*Lettre à
M. de Humboldt, renfermant le tableau géologique du Tyrol méridional, 1822.)

« D'après ces considérations, je n'aurais pas été surpris de voir quelque part,
« dans l'intérieur de ces vallées, des *porphyres pyroxéniques* au-dessous du *por-*
« *phyre rouge*. Je les ai même cherchés dans toute l'étendue de ce dernier, mais
« presque partout sans succès... J'ai été plus heureux en descendant la vallée de
« l'Avisio. En effet, ayant constamment marché sur des porphyres quartzifères
« jusqu'à Cembra, à quelques lieues au-dessus de l'embouchure de cette vallée,
« j'ai reconnu, au-dessous de cet endroit et à côté d'une espèce de plaine, une
« masse très-considérable de la formation pyroxénique, dont la couleur noire
« contraste singulièrement avec le rouge du porphyre quartzifère dominant, et
« qui en est très-décidément séparé.... C'est évidemment un rocher, dont la masse
« appartient à la formation du porphyre pyroxénique : son aspect démontre clai-
« rement qu'il se trouve enclavé dans le porphyre rouge, excepté vers le bas, où
« il se lie probablement à une masse de même nature qui s'étend au-dessous de
« toutes les montagnes des Alpes. » (*Ibid.*)

PAGE 20, LIGNE 10. ... *Résolution heureuse, et qui a valu à la géologie un ouvrage
qui restera la marque de l'un de ses plus grands progrès.*

C'est à propos de cet ouvrage que M. de Humboldt a écrit cette phrase :
« Léopold de Buch est le premier qui ait reconnu l'intime connexité et la dé-
« pendance mutuelle des phénomènes volcaniques, et, par cela, il s'est montré *le*
« *plus grand géologue de notre époque.* »

Page 22, ligne 17. *Le jeune parent, M. d'Arnim...*

M. de Circourt ayant bien voulu me mettre en rapport avec M. le comte d'Arnim, j'ai dû à celui-ci la plupart des traits particuliers que j'ai cités dans cet Éloge.

Page 22, ligne 29. ... *Et dans un écrit publié sous le titre de Lettre...*

C'est la *Lettre* (déjà citée) *à M. de Humboldt sur le Tyrol méridional.*

Page 23, ligne 5... *Toutes les masses redressées de ce globe doivent leur position actuelle à un véritable soulèvement.*

« Les porphyres pyroxéniques de Fassa doivent leur position actuelle à un sou-
« lèvement.

« Mais observons bien que ce n'est pas du soulèvement particulier d'un rocher
« qu'il s'agit, mais du soulèvement de toute la masse des montagnes, par consé-
« quent du pays entier... » (*Lettre à M. de Humboldt, etc.*)

« Il y a déjà bien des années que je ne doute pas que toute la chaîne des Alpes,
« du moins celle des Alpes calcaires, ne doive son élévation à la formation pyroxé-
« nique... Cette formation pyroxénique brise les couches qui s'opposent à sa sor-
« tie... Elle perce ou soulève d'abord les porphyres rouges, puis le grès, puis les
« couches calcaires... » (*Ibid.*)

Page 23, ligne 11. *Ce ne sont pas les mers qui se sont élevées...*

« En réfléchissant sur les effets de ces soulèvements, on sera moins surpris de ren-
« contrer des pétrifications d'anomies dans les grès et dans les couches calcaires,
« à 8,000 pieds de hauteur près du Sasso di Val Fredda. Ces mêmes pétrifications,
« qui se retrouvent à 5,400 pieds au-dessus du passage de la Caressa, à 3,800 pieds
« au-dessus de Seiss, à 2,600 pieds au-dessus de Saint-Paul et de Caltern, ...
« étaient peut-être, avant la catastrophe du soulèvement, placées plus bas que le
« niveau des mers. » (*Lettre à M. de Humboldt, etc.*)

Page 23, ligne 27, ... *A celui qui par ses travaux propres a rallié les travaux de
M. Cuvier à ceux de M. de Buch....*

« M. Cuvier a montré que la surface du globe a éprouvé une suite de révolutions
« subites et violentes. M. Léopold de Buch a signalé des différences nettes et tran-
« chées entre les divers systèmes de montagnes qui se dessinent sur la surface de
« l'Europe. Je ne fais autre chose qu'essayer de mettre en rapport ces deux ordres
« d'idées. » (Élie de Beaumont, *Recherches sur quelques-unes des révolutions de la
surface du globe.*)

Page 24, ligne 5. *Son explication de la formation de la dolomie...*

Par *formation de la dolomie*, M. de Buch entend proprement *le changement de la pierre calcaire coquillière en pierre calcaire magnésienne.*

« Comment se fait-il que la magnésie puisse percer, traverser, changer la nature
« de couches calcaires qui ont plusieurs milliers de pieds de hauteur pour en for-
« mer une roche uniforme dans toute son étendue ? C'est une question que je me
« suis proposée dans toutes mes courses aux environs de la vallée de Fassa sans en
« trouver la solution. La pierre calcaire ne contient point de magnésie... Elle arrive
« donc d'un autre côté, et il est assez naturel de croire que c'est le pyroxène qui
« la fournit, puisque la magnésie est une des parties constituantes de cette sub-
stance.

« Je crois avoir découvert, aux environs de Trento, la marche de la nature dans
« cette opération, et cette marche m'a paru si évidente, qu'au moment de l'obser-
« vation même j'ai senti la satisfaction la plus vive que j'aie jamais éprouvée dans
« mes courses à travers les Alpes..... » (*Lettre à M. de Humboldt*, etc.)

« On conçoit facilement qu'une montagne déchirée et fendillée doit perdre
« toute apparence de couches ; on conçoit que des milliers de routes sont ouvertes
« à la magnésie pour pouvoir s'introduire et se combiner avec la pierre calcaire ;
« on conçoit que, peu à peu, toute la masse doit se changer en rhomboèdres ;....
« et c'est ainsi que des couches compactes, remplies de coquilles, peuvent se chan-
« ger en une masse uniforme, blanche, grenue et saccharoïde, sans vestige de corps
« organisés et sans fissures horizontales quelconques..... » (*Lettre à M. de Humboldt, etc.*)

« Ce fendillement rappelle les phénomènes que l'on observe journellement dans
« les fours à chaux, lorsque le feu en est retiré. En allant de Cortina, dans la vallée
« d'Ampezzo à Toblach, dans le Pusterthal, on est environné, pendant tout le
« passage, de pics de dolomie..... L'aspect de ces lieux est si bizarre, qu'on peut
« se croire transporté au milieu d'un four immense. Les fragments de dolomie sont
« traversés de mille fentes ; ils paraissent rudes au toucher, comme toutes les sub-
« stances que l'on a exposées au feu. On est tenté d'attribuer ces effets extraordinaires
« à la haute température qu'avait acquise le porphyre pyroxénique quand il se
« faisait jour à travers les couches inférieures et qu'il soulevait la dolomie sous la
« forme de colonnes, de pyramides et de tours. On se persuade que cette même
« roche pyroxénique a converti les masses compactes en masses grenues, qu'elle a
« fait disparaître tout vestige de stratification et de corps organisés, et qu'elle a
« donné naissance à ces fissures qui sont tapissées de cristaux. On ne doute plus que
« c'est le calcaire compacte, que l'on trouve constamment sous la dolomie et au-

« dessus des grès, qui a été blanchi, fendillé, transformé dans une roche grenue. »
(*Lettre sur la dolomie du Tyrol à M. Alois de Pfaundler.*)

PAGE 24, LIGNE 8, ... *Bien que soumise encore à quelques difficultés....*

Voyez, sur ces difficultés, les travaux importants et ingénieux de M. Haidinger
et de M. Morlot.

PAGE 25, LIGNE 24, ... *Et dans une suite de Mémoires sur les ammonites, les téré-
bratules,* etc.

Voyez, à la fin de ces Notes, la liste des écrits de M. de Buch.

PAGE 26, LIGNE 2. *A l'étude des coquilles il joint l'étude des plantes fossiles.....*

Voyez, à la fin de ces Notes, la liste des écrits de M. de Buch.

PAGE 30, LIGNE 14. *Descartes avait soupçonné l'origine ignée de ce globe.*

« Feignons que cette terre où nous sommes a été autrefois un astre composé de
« la matière du premier élément toute pure, ... en sorte qu'elle ne différait en rien
« du soleil, sinon qu'elle était plus petite .... » (Descartes, *Les principes de la phi-
« losophie,* IVe partie.)

PAGE 30, LIGNE 15. *Leibnitz avait conclu cette incandescence .....*

« Il semble que ce globe a été un jour en feu, et que les rochers, qui font la base
« de cette écorce de la terre, sont des scories restées d'une grande fusion. » (Leibnitz,
Protogæa, etc.)

PAGE 30, LIGNE 17. *Buffon avait démontré l'existence .....*

« La chaleur intérieure du globe, encore actuellement subsistante, ... nous dé-
« montre que cet ancien feu qu'a éprouvé le globe n'est pas encore, à beaucoup
« près, entièrement dissipé : la surface de la terre est plus refroidie que son inté-
« rieur. Des expériences certaines et réitérées nous assurent que la masse entière
« du globe a une chaleur propre et tout à fait indépendante de celle du soleil.....
« On reconnaît cette chaleur d'une manière palpable dès qu'on pénètre au dedans
« de l'intérieur de la terre; ..... elle augmente à mesure que l'on descend..... » (Buffon : *Époques de la nature.*)

PAGE 30, LIGNE 19. *Enfin, Dolomieu avait prononcé, devant cette Académie, ces
paroles......*

« En insistant sur des faits qui me paraissent d'une grande importance, et en
« répétant encore que la cause inconnue qui produit la fluidité des laves me

« paraît exister sous l'*écorce consolidée* du globe, ... j'ajouterai que ce n'est pas
« sans dessein que j'emploie l'expression d'*écorce consolidée du globe* ; car si je ne
« puis pas douter que notre globe n'ait été fluide, rien ne peut me prouver qu'il
« y ait autre chose de consolidé qu'une écorce plus ou moins épaisse; rien ne
« peut m'apprendre si la consolidation, laquelle a dû nécessairement être progres-
« sive, a déjà atteint le centre de ce sphéroïde. Je regarde l'opinion générale qui
« admet un noyau solide à notre globe comme une hypothèse gratuite, et l'hypo-
« thèse opposée me paraît beaucoup plus vraisemblable, puisqu'avec elle on peut
« expliquer une infinité de faits importants qui, sans elle, sont inexplicables. » (Dolomieu, *Rapport fait à l'Institut national sur ses voyages de l'an* v *et* vi, p. 409.
— *Journal de physique*, etc., 1798.)

PAGE 30, LIGNE 20, ... *Relevées par Lagrange* .....

« Le suffrage du célèbre Lagrange est d'un trop grand poids ; il est trop flatteur
« pour n'être pas tenté de s'en vanter lorsqu'on l'a obtenu. Ce n'était qu'avec beau-
« coup de timidité et de circonspection que je hasardais cette hypothèse devant
« mes collègues, lorsque cet illustre géomètre, saisissant avec empressement mon
« opinion, me dit qu'elle était très-soutenable, et que même elle lui semblait pro-
« bable, puisque rien ne lui paraissait en opposition directe avec elle. » (Dolomieu, *Ibid.*, p. 410.)

En terminant ces Notes, je me fais un devoir de déclarer que j'ai trouvé bien
des secours, pour l'éloge de M. de Buch, dans les belles et savantes Notices qui ont
été publiées en Allemagne sur ce grand géologue.

Je les énumère ici dans l'ordre où elles me sont parvenues, et, par suite, dans
l'ordre même où elles m'ont été plus utiles :

La *Notice* par M. Geinitz, professeur à l'École polytechnique de Dresde ;

Celle par M. Cotta, professeur à l'École des mines de Freyberg ;

Celle par M. Dechen, directeur des mines à Bonn ;

Celle par M. Noggerath, professeur à l'Université de Bonn ;

Et une cinquième, sans nom d'auteur, prononcée, le 6 avril 1853, devant la
Société de géologie d'Allemagne.

PARIS. — TYPOGRAPHIE DE FIRMIN DIDOT FRÈRES,
IMPRIMEURS DE L'INSTITUT IMPÉRIAL, RUE JACOB, 56.